AF382172

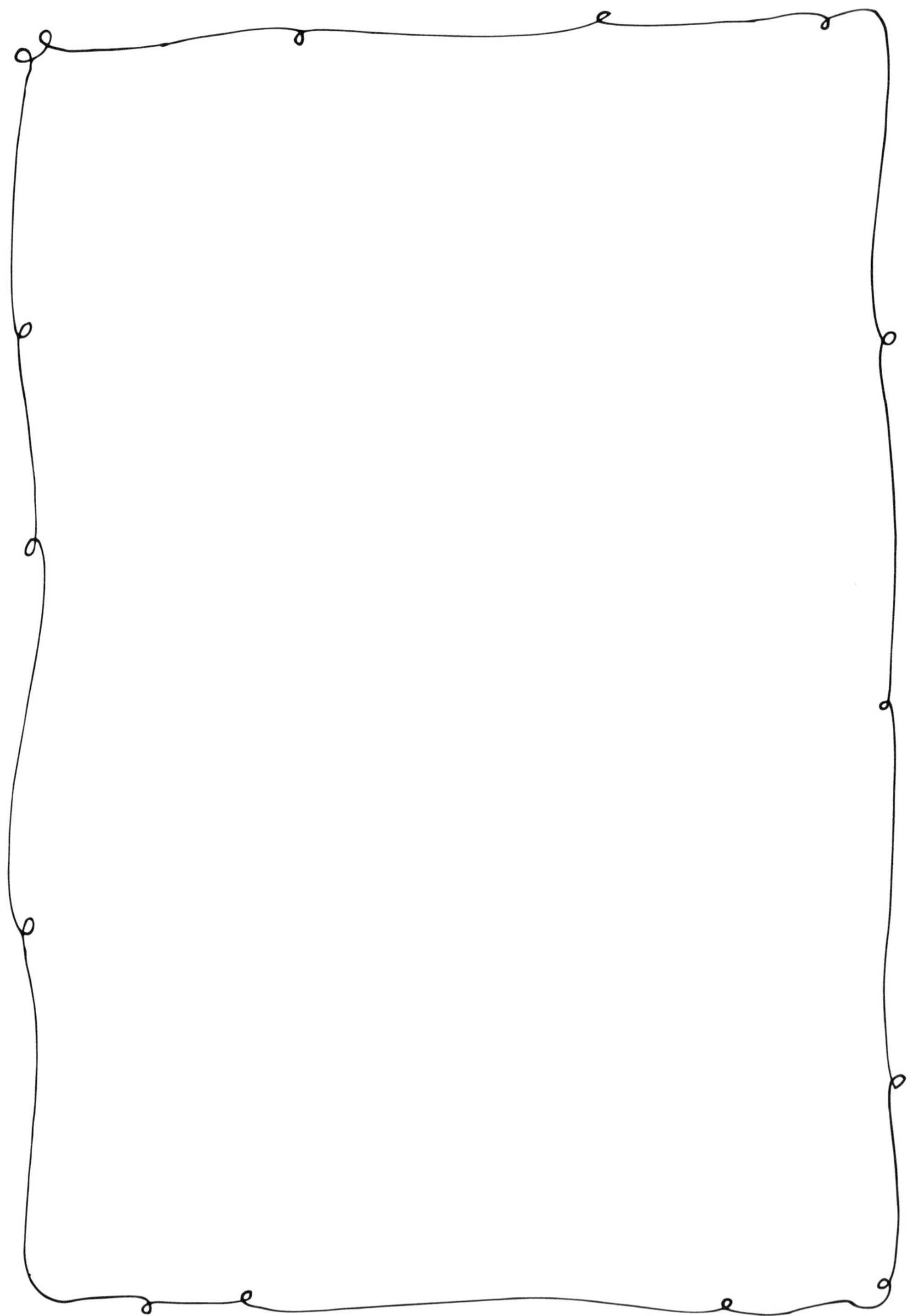

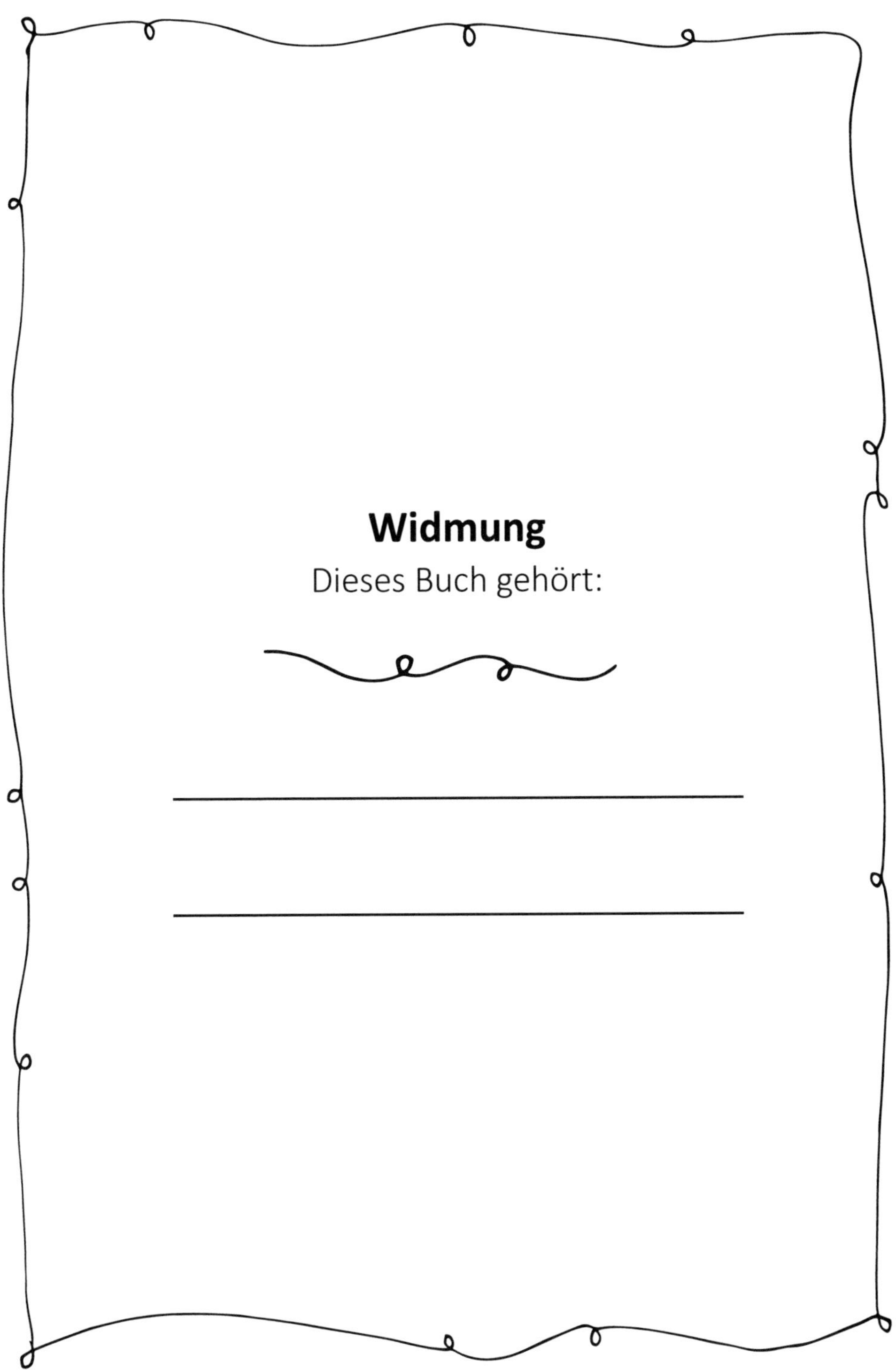

Widmung

Dieses Buch gehört:

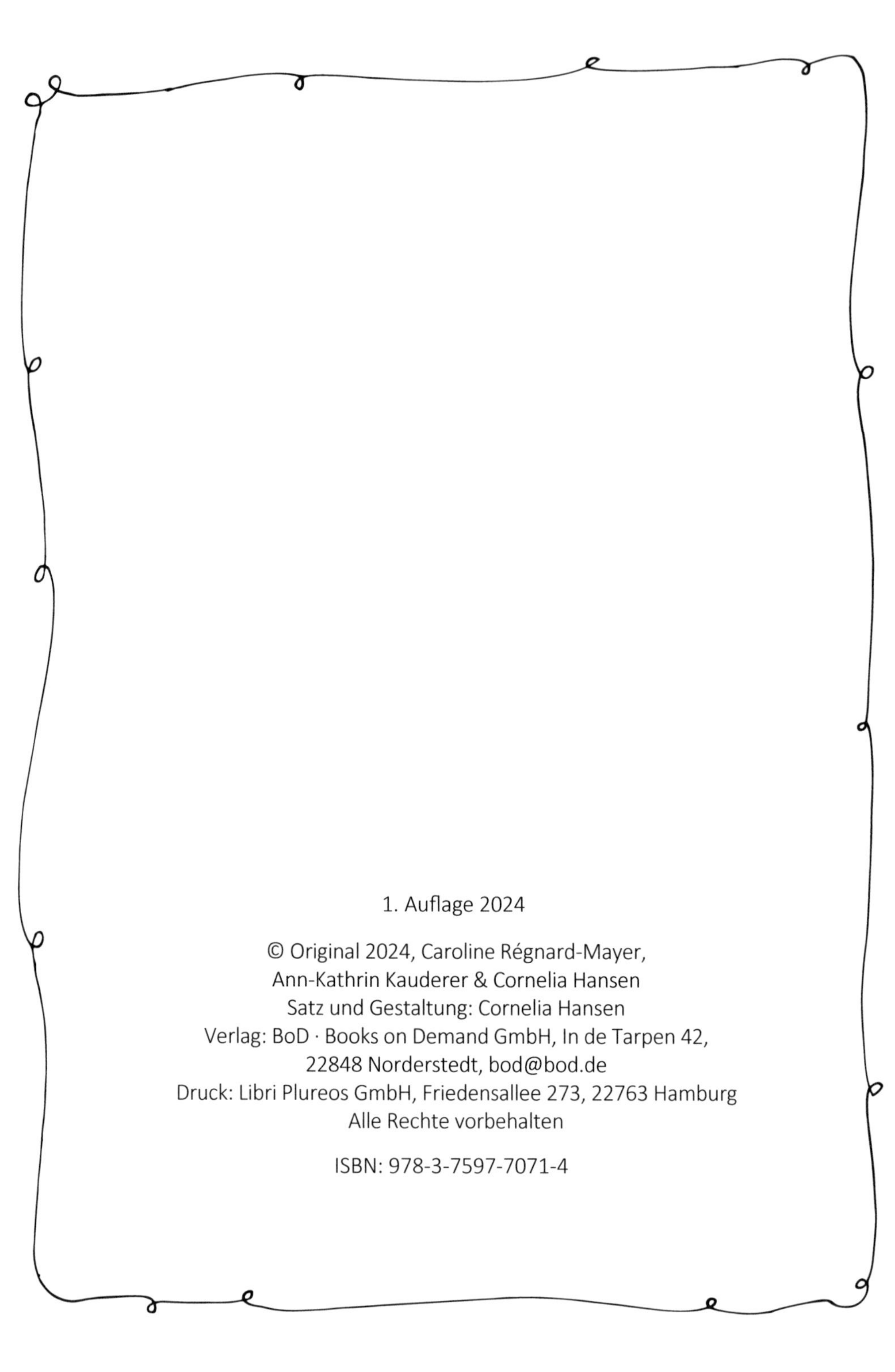

1. Auflage 2024

© Original 2024, Caroline Régnard-Mayer,
Ann-Kathrin Kauderer & Cornelia Hansen
Satz und Gestaltung: Cornelia Hansen
Verlag: BoD · Books on Demand GmbH, In de Tarpen 42,
22848 Norderstedt, bod@bod.de
Druck: Libri Plureos GmbH, Friedensallee 273, 22763 Hamburg
Alle Rechte vorbehalten

ISBN: 978-3-7597-7071-4

WIR SIND (NICHT) ANDERS

Fridolin und Missy auf Entdeckungsreise zu unsichtbaren Erkrankungen

Erzählt von
Caroline Régnard-Mayer
und Ann-Kathrin Kauderer

Illustriert von
Cornelia Hansen

Vorwort

Hallo liebe Kinder, liebe Eltern und alle Erwachsenen, die dieses Vorwort auch lesen! Ihr fragt euch sicher, wer hinter den Geschichten von Missy und Fridolin samt aller Tiere und Menschen steckt. Warum schrieben wir dieses Buch und wer sind wir überhaupt.

Wir sind ein lustiges Frauen-Trio von MS-Betroffenen. Anky, seit 2011, Conny seit 2015 und Caro seit 2004 an Multiple Sklerose (MS) erkrankt. Jedoch um die Krankheit MS soll es in diesem Buch gar nicht gehen, sondern um unsichtbare Symptome bei chronischen Erkrankungen. Für Kinder, aber auch Erwachsene ist es oft schwer zu greifen, wenn jemand an unsichtbaren Symptomen durch eine Krankheit leidet. Wie soll man denn etwas verstehen, was man nicht sehen kann, und was man selbst vielleicht auch noch nie gefühlt hat. Der Drache Fridolin und das Eichhörnchen Missy erkunden zusammen die Welt der unsichtbaren Krankheiten und Behinderungen.

Beide hatten schon ihren Soloauftritt in den Büchern:

- **Mama ist anders gesund / Papa ist anders gesund**
  Kindern Multiple Sklerose erklären

- **Freundschaften mit Handicap**
  8 tierische Kurzgeschichten über Multiple Sklerose
  und Freundschaften

In diesem Buch machen sich beide Tiere zusammen auf Entdeckungsreise. Missy lernt eine Reihe unsichtbarer Krankheiten kennen. Fridolin ist dabei stets an ihrer Seite und versucht ihr diese Erkrankungen samt Symptomen so zu erklären, dass das Eichhörnchen sich ein Stück in die Erkrankten hineinversetzten kann. Natürlich kommen auch Missys Freunde und der kleine Junge Florian aus den vorherigen Büchern nicht zu kurz. Jedes der drei Bücher ist in sich abgeschlossen und sie können unabhängig voneinander gelesen werden.

Viel Lesespaß wünschen euch
Conny, Anky und Caro!

Missy

Hallo ich bin Missy, das Eichhörnchen und wohne in der alten Eiche im Wald. Ich habe viele Freunde gefunden, die alle mit mir zusammen dort wohnen. Meine Freunde haben alle Multiple Sklerose mit verschiedenen Einschränkungen. Aber das ist mir ganz egal, denn jeder von ihnen ist was ganz Besonderes und wir erleben immer ganz viel Spaß zusammen.

Fridolin

Hallo, ich bin Fridolin, ein kleiner Drache. Ich helfe Kindern eine chronische Erkrankung zu verstehen.
Nur Kinder, wie der 8-jährige Florian, können mich sehen – Erwachsene nicht. Ich erkläre Florian die Krankheit Multiple Sklerose (MS) seiner Mama. Sie kann teilweise nicht so viel arbeiten oder leisten und ist deshalb traurig.
Deswegen wohne ich zurzeit bei Florian in seinem Kinderzimmer. Wir reden und lachen viel, auch begleite ich ihn durch seinen Alltag.
Das tut uns beiden gut.

Missy lernt etwas über eine
BEHINDERTENTOILETTE und BLASEN-DARM-STÖRUNGEN

Nachts, wenn der kleine Florian schläft, öffne ich das Fenster
im Kinderzimmer und fliege in die Nacht hinaus.

Wie schön die nächtlichen Stunden sind. Weit über der Stadt
fliege ich eine Rechtskurve und lande auf einer Waldlichtung. In der Nähe glitzert ein See unter dem Sternenhimmel.
Uff, etwas fest lande ich auf meinem Popo. Der Wald leuch-
tet trotz dunkler Nacht – überall funkeln Augenpaare der

Tiere. Was ist denn das für ein Schatten in der Nähe, wo ich gelandet bin? Ich stehe auf, klopfe mir den Staub aus meinen Schuppen und gehe langsam und vorsichtig auf den Schatten mit zwei Augenpaaren zu. Als ich näher komme, erkenne ich ein Eichhörnchen. Es ist klein und knackt gerade eine Nuss. Erschrocken verharrt es in seiner Bewegung als es mich entdeckt.

„Wer bist du?", frage ich erstaunt.
„Hast du mich erschreckt", antwortet das Eichhörnchen.
„Ich bin Missy und suche heute Nacht Nüsse für den Winter."
„Das freut mich, Missy, dich kennenzulernen. Ich bin Fridolin, ein Drache und wohne in Moment bei den Menschen."
„So ein Tier, wie dich, gibt es bei uns im Wald nicht. Ich wohne mit ein paar Tierfreunden in der alten Eiche dort drüben. Schön, dich kennenzulernen." Missy setzt sich auf den Waldboden und fragt neugierig: „Was machst du hier, Fridolin?"
„Ich wohne normalerweise im Zauberland. Seit ein paar Tagen bin ich zu Besuch bei Florian, einem 8 Jahre alten Jungen. Dort wohne ich in seinem Kinderzimmer. Nur Florian kann mich sehen, seine Eltern nicht."

„Was machst du bei dem Menschenkind, wenn du eigentlich im Zauberland wohnst?", Missy will mehr über Florian wissen. „Ich erkläre dem Jungen die Krankheit seiner Mama. Überhaupt jedem Kind erkläre und helfe ich, wenn es Sorgen und Fragen hat, wenn jemand in seiner Familie chronisch krank wird." Der kleine Drache streicht sich über sein Maul und schmatzt leise. Er setzt sich zu Missy. Dabei stößt er einen kleinen Feuerstrahl aus seinem Maul.

„Pass doch auf! Du versengst mir noch mein Fell", empört weicht Missy einen Schritt zurück.

„Entschuldige. Ich passe jetzt besser auf!" Fridolin legt seinen Schwanz ab und stützt sein Maul auf seine Vorderbeine.

„Du erklärst also Kindern Krankheiten? Habe ich das richtig verstanden?", fragt Missy nochmals bei Fridolin nach.
„Ich habe da nämlich gleich eine Frage an dich."
„Ja genau." Fridolin nickt und setzt sich dabei wohl etwas zu schwungvoll auf. Wieder zischt ein kleiner Feuerstrahl aus

seinem Maul. Er schafft es aber gerade noch seinen Kopf zu drehen, sodass er Missy nicht trifft.

„Was willst du denn wissen?"

„Ich war neulich im Stadtpark unterwegs und wollte mal schauen, was die Menschen denn dort so machen. Zu uns in den Wald kommen ja nicht so oft welche. Dabei habe ich gesehen, wie eine Frau ohne Rollstuhl auf das Behinderten-WC im Park gegangen ist. Das fand ich sehr merkwürdig. Sie kann ja laufen,

weshalb geht sie auf ein Behinderten-WC?"
Ärgerlich saß ich im Baum, doch dann hörte ich, wie eine andere Frau zu ihrem Kind irgendwas von unsichtbaren Krankheiten gesagt hat.
Es wäre okay, dass diese Frau auch ohne Rollstuhl auf das WC gegangen ist. „Kannst du mir das bitte erklären, Fridolin? Was sind denn unsichtbare Krankheiten und warum ist es okay, dass diese Frau auf solch eine Toilette darf?"

„Das kann ich dir gerne erklären. Auf eine Behindertentoilette dürfen auch Menschen gehen, die nicht im Rollstuhl sitzen. Viele Menschen meinen immer nur, dass das Rollstuhl-Zeichen an diesen Toiletten bedeutet, dass nur Menschen mit Rollstuhl da reindürfen. Aber auch Menschen, die

Probleme mit ihrer Blase oder ihrem Darm haben, dürfen diese Toilette benutzen. Zum Beispiel gibt es Krankheiten, da müssen die Menschen ganz oft auf die Toilette gehen, weil ihre Blase das Pipi nicht richtig halten kann. Wenn du oder ich merken, dass wir Pipi machen müssen, dann haben wir meistens noch kurz Zeit um uns ein Plätzchen zu suchen. Ich kann ja nicht einfach in der Luft lospinkeln, das wäre ja ganz schön doof. Aber diese Menschen können ihr Pipi eben nur ganz kurz anhalten. Deshalb dürfen sie diese Toiletten ganz offiziell benutzen. Oder auch die Menschen, die ihre Kacki nicht richtig kontrollieren können – die brauchen auch diese Toiletten, sonst geht es mal ganz schnell in die Hose." Erstaunt und mit großen Augen blickt Missy Fridolin an.

Der Drache erklärt weiter...

„Du siehst, es gibt ganz unterschiedliche Krankheiten, weshalb Menschen auch ohne Rollstuhl auf diese Toiletten dürfen. Es gibt ja auch Menschen, die haben ein Stoma. Das ist ein Beutel am Bauch und da geht dann die Kacki rein. Wenn der Beutel voll ist, muss man den auch wechseln. Dazu dürfen dann auch Behindertentoiletten genutzt werden. Meistens ist es so, dass diese Toiletten ja verschlossen sind. So können eben nicht alle Menschen darauf gehen und die Toilette wird auch nicht so schnell schmutzig. Die Menschen,

die aber die Erlaubnis haben, diese Toilette zu benutzen, haben alle einen Schlüssel dafür und können die Türe dann aufschließen. Daran siehst du dann ganz schnell, ob jemand auf die Behindertentoilette darf oder nicht."
Fridolin schmatzt wieder etwas. Das lange Erzählen trocknet sein Maul etwas aus. „Dann sind unsichtbare Krankheiten also Krankheiten im Körper, die man von außen nicht sehen kann?", interessiert fragt Missy nach. Fridolin nickt. „Ja genau, von unsichtbaren Krankheiten oder Behinderungen spricht man, wenn es für Außenstehende nicht offensichtlich ist, dass jemand krank oder behindert ist."
„Gibt es da noch mehr Krankheiten, die man von außen nicht sehen kann?", Missys Neugierde ist geweckt. „Ja, da gibt es noch ganz viel mehr. Hast du Lust, dass ich dir noch ein paar Menschen mit unsichtbaren Krankheiten zeige und dir dazu was erkläre?", fragt der Drache Fridolin das Eichhörnchen Missy. Missy nickt und so verabreden sich Missy und Fridolin für den nächsten Tag.

Merke dir

Bei vielen Krankheiten sieht man den Betroffenen nicht an, dass sie die Behindertentoilette benutzen dürfen. Diese Krankheiten sind z.B.

- Morbus Chron
- Colitis ulcerosa
- Multiple Sklerose
- Endometriose
- Stoma Träger*innen
- Andere entzündliche Darmkrankheiten

Fridolin und Missy entdecken eine SELBSTHILFEGRUPPE und erfahren etwas über unsichtbare Symptome und Zusammenhalt

Fridolin und Missy treffen sich am nächsten Tag im Kurpark. Es weht ein kühles Lüftchen und die Sonne scheint. Eine kleine Gruppe von Menschen sitzt an einem Grillplatz zusammen. Missy sitzt auf der Schulter vom Drachen. Sie landen in der Nähe der Menschen und setzen sich nebeneinander auf einen Baumast. Von dort sehen sie die Gruppe und das Geschehen sehr gut. Sogar einige Worte bekommen sie mit. Das Eichhörnchen beugt sich zum Drachen und flüstert ihm ins Ohr: „Schau mal, Fridolin. Was machen diese Leute dort?

Einige sitzen im Rollstuhl, andere können laufen. Da geht's echt lustig zu. Und es riecht himmlisch nach Gegrilltem."

„Du brauchst nicht zu flüstern; die können uns nicht hören. Ich habe eben aufgeschnappt, dass das wohl eine Selbsthilfegruppe ist. Die einen sind krank und die anderen, anscheinend ihre Angehörigen, sind gesund. Eine tolle Sache, wenn man sich über die gleichen Sorgen und Erkrankungen austauscht. Was meinst du?" Fridolin schmatzt wieder, was wohl zu einer Gewohnheit von ihm geworden ist.
Missy reckt den Hals und blickt über die Runde.

„Das ist eine tolle Idee sich auszutauschen. Eine Frau sagte gerade, sie treffen sich immer einmal im Monat in einer Gaststätte und einmal im Jahr zum Grillen im Kurpark. Siehst du den Mann mit dem Rollator am Rande direkt an der Tanne? Der sieht richtig traurig aus. Lass uns mal zuhören, was der andere Mann zu ihm sagt." Beide Tiere sitzen ganz still auf ihrem Ast, spitzen die Ohren und hören den Männern zu.

„Fred, du bist jederzeit bei uns willkommen. Du musst deinen Rollator als Unterstützung ansehen; das gibt dir Lebensqualität zurück." „Ach Peter, das Ganze mit der Diagnose und die Veränderungen gingen so schnell. Vor Wochen konnte ich mit meiner Frau noch in den Bergen wandern und jetzt

sieh mich doch an. Ich krieche anstatt, dass ich laufe. Meine
Frau Ann kommt überhaupt nicht damit zurecht. Wir sind
beide 45 Jahre alt und sie hat Angst, dass wir nun kaum
noch etwas unternehmen können und sie mich bald pflegen
muss." Fred kullert eine Träne über seine Wange. Er hat den
Kopf gesenkt. Missy und Fridolin blicken auch ganz traurig.
Wissen sie doch aus eigener Erfahrung, wie schnell sich das
Leben durch eine Erkrankung ändern kann.
Peter legt Fred eine Hand auf seine Schultern. „Ich mache
dir einen Vorschlag, Fred. Komm doch nächste Woche mal

mit Ann zu uns nach Hause. Dann können wir uns zu viert unterhalten oder die beiden Frauen getrennt von uns. Für uns als Paar war es am Anfang auch schwer. Erst die Diagnose, dann wurde ich schnell berentet und übernahm den Part zu Hause. Beate geht ja noch arbeiten, denn wir sind auch erst 52 Jahre. Und ich organisiere dir ein Treffen mit einem Verein. Der kann dich beraten, was dir zusteht, welche Gelder du beantragen kannst und vieles mehr. Einverstanden? Außerdem bin ich jederzeit für dich da!" Fred nickt nur, denn ein dicker Kloß hat sich in seinem Hals gebildet. Er ist mehr als dankbar, solche netten Menschen wie Peter getroffen zu haben und hier in der Selbsthilfegruppe so nett aufgenommen wurde.

Das Eichhörnchen lehnt sich an den kleinen Drachen und lächelt: „Es ist zwar traurig, dass Menschen krank werden, aber ich finde mit Unterstützung schafft man dann ganz Vieles. Das tut einfach gut, wenn man nicht alleine ist. Und wieder andere sagen einem ständig, man soll sich nicht so anstellen und man wäre faul, wenn man weniger als früher macht."

Fridolin stößt einen kleinen Feuerstrahl in die andere Richtung aus und tätschelt die Schulter seiner neuen Freundin: „Es wird immer doofe Menschen geben. Beachte sie nicht.

Schau, Peter und Fred sind zu den anderen Gruppenmitglie-
dern zurück gegangen und alle sitzen um den runden Tisch,
essen und unterhalten sich. Sieht nach Spaß aus. Und wir
zwei haben uns einen Eimer Wasser aus dem See verdient.
Lass uns zurückfliegen!"
Gesagt, getan, Missy klettert auf die Schultern des Drachen,
hält sich am Hals fest und schon schwingt sich Fridolin hoch
in die Lüfte, nicht ohne eine kleine Runde über die Selbsthilfegruppe zu fliegen. Dann geht es zum See im Wald.

Die Waldtiere und Fridolin tauschen sich über SCHMERZEN bei unsichtbaren Behinderungen aus

Missy und Fridolin treffen sich heute Nacht wieder auf der Waldlichtung unter der alten Eiche. Florian schläft tief und fest. Am Tag kann er den kleinen Jungen nicht alleine lassen, da er viele Fragen hat und seine Unterstützung braucht. Außerdem macht es Spaß in der Schule unter der Schulbank zu sitzen und der Lehrerin zuzuhören. Auch im Schwimmbad, da geht Florian mit Oma und seinem Freund Jann oft am Nachmittag hin. Er schwimmt dann, für die Anderen unsichtbar, durchs Wasser. Missy hat heute ein paar Freunde mitgebracht, die den kleinen Drachen unbedingt kennenlernen wollen. Siggi, der Specht, Carl, das Chamäleon, Freddy, der Frosch, Hanni, die Häsin und Udo, der Uhu.

Alle sitzen gemütlich im Gras und knacken Nüsse, die Missy gesammelt hat. Fridolin fliegt eine Rechtskurve und landet sanft neben dem Eichhörnchen.

„Hallo, ich bin Fridolin, der Drache. Freut mich euch alle kennenzulernen!" Die Tiere winken zur Begrüßung und murmeln dem Drachen Grüße zu.

„Da fehlen doch zwei? Wo sind denn Happy und Luna?", fragt Fridolin neugierig nach. „Happy kommt doch immer nur ab und zu zu uns in den Wald", klärt Missy Fridolin auf, „ohne ihr Herrchen kann sie doch nicht Gassi gehen." Da fällt Fridolin wieder ein, dass Happy ja eine Hündin ist, die bei ihren Menschen in der Stadt wohnt und nur bei ihren Gassirunden bei den Tieren an der alten Eiche vorbeischaut. „Aber Luna die Leopardin fehlt schon, oder?", verwirrt schaut Fridolin in die Runde. Missy nickt, „Ja, Luna liegt leider mit starken Schmerzen zuhause im Bett und konnte nicht mitkommen, dabei hätte sie dich gerne kennengelernt. Ich dachte immer nur, dass sie Gleichgewichtsprobleme durch die Multiple Sklerose hat. Aber seit neustem klagt sie auch immer wieder über Schmerzen. Dabei ist sie doch gar nicht gestürzt oder so." Missy kratz sich verwundert am Kopf. „Kann man bei MS auch einfach so Schmerzen haben?", fragend blickt sie in die Runde. Alle Tiere nicken. „Weißt du Missy, bei der MS können ganz viele verschiedene Symptome plötzlich auftreten, auch Schmerzen", Hanni die Häsin versucht sich an einer Erklärung.

„Aber nicht alle MS-Betroffenen leiden an Schmerzen. Und die Art der Schmerzen kann auch immer unterschiedlich sein. Durch meine Koordinationsstörungen in den Beinen habe ich ganz oft richtige Muskelkrämpfe, sogenannte

Spastiken, und die tun richtig weh. Da kann ich dann plötzlich meine langen Hinterbeine gar nicht mehr lang ausstre-
cken." Hanni schaut in Fridolins Richtung. „Aber ich glaube
Fridolin kann dir das noch ein bisschen besser erklären."
Fridolin, der sich während Hannis Erklärung gemütlich zu-
sammengerollt hatte, setzt sich schmatzend wieder auf. Carl
und Freddy müssen schnell ein paar Meter zur Seite hüpfen,
denn Fridolins Schwanz bewegt sich beim Aufrichten in ihre
Richtung. „He kleiner Drache, pass doch auf!", laut quakend
beschwert sich Freddy, der Frosch, „du hättest uns fast in
den See geschubst."

„Ich glaube ihr müsst einfach zu mir auf den Baum kommen,
da seid ihr in Sicherheit", krächzt Udo, der Uhu, vom Baum

herunter.

„Nein, nein, ich passe einfach besser auf", entschuldigt sich Fridolin, „ich bin es einfach nicht gewohnt so viele Tiere um mich zu haben."

„Ja, wie ist das denn jetzt mit den Schmerzen", ungeduldig wippt Siggi auf seinem Ast hin und her. „Ich kenne das nämlich auch nicht und würde gerne mehr darüber wissen."

„Schmerzen sind ein ganz häufiges unsichtbares Symptom bei vielen Krankheiten", beginnt Fridolin zu erklären. „Häufig können sich Außenstehende diese Schmerzen aber gar nicht vorstellen. Bauchschmerzen, Kopfschmerzen, Zahnschmerzen oder auch Ohrenschmerzen hat bestimmt jeder schon einmal gehabt. Auch einen starken Muskelkrampf kennen viele, so fühlt sich zum Beispiel eine Spastik an. Das stimmt doch Hanni?" Hanni nickt Fridolin zu.

„Nervenschmerzen oder Knochenschmerzen sind beispielsweise ganz schwierig zu erklären. Wenn man sich mal einen Arm oder ein Bein gebrochen hat, dann kann man sich Knochenschmerzen etwas vorstellen. Aber die meisten Betroffenen haben das nicht nur an einer Stelle, sondern oft im ganzen Körper."

„Ich habe mir mal den Flügel
gebrochen", wirft Siggi ein,
„da hatte ich vergessen, dass
ich mein Fenster geschlossen hatte
und bin voll gegen die Scheibe geflogen.
Aber nach ein paar Wochen war das wieder
verheilt und alles war gut." „Ja genau", Fridolin
nickt, „du hattest den Schmerz nur ein paar Wochen,
aber viele Erkrankte haben den wirklich fast jeden Tag und
das über Jahre."

„Oh, das ist dann aber wirklich anstrengend und sehr
unangenehm", überlegt Missy, „da kann ich Luna ja verstehen, dass sie lieber im Bett bleiben will."
„Kann man da nicht einfach eine Schmerztablette nehmen
und alles ist wieder gut?", fragend blickt Siggi in die Runde.
Hanni schüttelt nur ihren Kopf und Fridolin erklärt: „Norma-
le Schmerztabletten, wie z.B. Kopfschmerztabletten helfen
meistens nicht. Die Medikamente, die man bei solchen
Schmerzen nimmt, sind viel stärker und machen meist ganz
müde.""Genau", Hanni nickt so stark, dass ihre großen Ohren richtig stark wippen. „Man kann sich also aussuchen, ob
man Schmerzen hat oder ob man müde ist.

Es ist also beides unangenehm.
Ich freue mich aber immer sehr,
dass ihr oft so viel Verständnis für
Luna und mich habt." Eine dicke
Träne rollt über ihr plüschiges Fell.
„Das ist nämlich gar nicht immer selbst-
verständlich", bringt sie leise hervor.

Fridolin schaut überrascht zu, wie sich die Tiere alle zusammen umarmen. So einen tollen Zusammenhalt hat er
noch selten gesehen. Er freut sich, dass er nun auch ein Teil
dieser bunt gemischten Gruppe sein darf.
Plötzlich ist ein lautes Gähnen zu hören. Alle Tiere schauen
sich um. Fridolin schafft es schnell sein großes Maul wieder
zu schließen. „Ich glaube, ich bin jetzt ganz schön müde und
möchte mich gerne zu Florian ins Bett kuscheln", nuschelt er,
„morgen hat er bestimmt wieder viele Fragen und da muss
ich wieder fit sein." Auch Missy streckt sich: „So ein warmes,
kuscheliges Bett wäre jetzt auch schön. Wollen wir uns morgen wieder treffen, wenn Florian dich nicht braucht?", fragt
sie Fridolin.„Ja, das können wir gerne machen. Vielleicht
könnten wir mal zusammen einen Rundflug über das große
Krankenhaus in der Stadt machen? Da gibt es auch immer
ganz viel zu lernen."

Fridolin schüttelt sich ein letztes Mal, breitet seine Flügel aus und fliegt in die Nacht davon.

Auch Missy und ihre Freunde machen sich auf den Weg zur alten Eiche und freuen sich alle auf ihre Betten.

Nur Udo muss noch ein bisschen wach bleiben.

Denn als Nachtwächter der alten Eiche muss er schauen, dass den anderen Tieren nichts passiert während sie schlafen.

Merke dir

Viele Krankheiten bringen verschiedene Schmerzarten mit sich. Diese sind jedoch nicht an allen Tagen immer gleich. Es gibt manchmal Tage, da sind Betroffene fast schmerzfrei und an anderen Tagen können sie sich vor Schmerzen fast nicht bewegen. Deshalb können Betroffene auch an manchen Tagen viel mehr unternehmen und am nächsten Tag z.B. möchten sie viel lieber nur im Bett liegen bleiben.

**Warum Lena traurig ist –
Fridolin erklärt Missy DEPRESSIONEN**

Missy sitzt in einem Fliederbusch als Fridolin am nächsten
Tag in den Park des Krankenhauses angeflogen kommt.
Heute landet er sanft vor dem Eichhörnchen und dem
duftenden Busch.

„Da hast du dir ein schönes Plätzchen ausgesucht, Missy."
Der Drache stupst seine Freundin an und schmatzt dabei.
„Ich bin bereits eine Runde über das Krankenhaus geflogen
und an einer Station vorbeigekommen, da sah ich einen
Arzt hinter seinem Schreibtisch mit zwei Frauen sitzen. Die
jüngere von beiden sah so traurig aus und hat geweint. Lass
uns da mal hinfliegen. Okay?" Fridolin wartet gespannt auf
die Antwort von Missy, denn er will unbedingt wissen, was
in dem Arztzimmer vor sich geht.„Du machst mich neugierig. Lass uns schnell fliegen!" Das Eichhörnchen hüpft auf
den Rücken vom Drachen, der vor ihm sitzt. Einige Minuten
später landen sie leise vor dem geöffneten Fenster des Arzt-
zimmers. Im Zimmer kommt gerade der Arzt wieder herein.
Er hat MRT-Bilder in der Hand und einige Unterlagen. Missy schaut Fridolin fragend an. Der hält seine Tatze vor sein
Maul und deutet damit an, dass sie leise sein müssen und
erstmal nicht sprechen sollten.

Der Arzt setzt sich hinter seinen Schreibtisch und wendet sich an beide Frauen. „Ich habe die neusten MRT-Bilder und Untersuchungen von ihrer Tochter. Die Bilder zeigen keinen Tumor oder krankhafte Veränderungen. Das sieht alles bestens aus in deinem Gehirn." Der Arzt legt die Bilder zur Seite und nimmt die Unterlagen.

Zumindest wissen jetzt Fridolin und Missy, dass es sich bei den beiden Frauen um Mutter und Tochter handelt. Die junge Frau weint nicht mehr; sieht aber immer noch sehr traurig aus und lässt den Kopf hängen. Ihre Mutter legt eine Hand auf ihre Schulter.

„Lena, das schaffen wir.
Das ist doch eine gute
Nachricht, dass in
deinem Kopf alles
gut aussieht.

Deine monatelange Traurigkeit und Antriebslosigkeit bekommen wir mit Hilfe des Arztes auch in den Griff. Nicht wahr, Herr Doktor?" Hoffnungsvoll schaut die Mutter den Arzt an. Denn für Angehörige, gerade für Eltern, ist es sehr schwierig direkt zu helfen oder zu verstehen, was in ihren Kindern vorgeht. Diese verschließen sich oft und lassen niemanden an sich heran.

Freundlich nickt der ältere Arzt. „Auf jeden Fall kann ich ihrer Tochter helfen, Frau Wahl." Dann wendet er sich direkt an Lena. „Alle Untersuchungen, Lena, sind bei dir ohne Befund. Es handelt sich bei dir um eine Depression."

Jetzt schaut Lena mit großen Augen auf. „Was ist denn eine Depression? Können Sie mir helfen?"

„Das kann ich, Lena. Aber erstmal erkläre ich dir was eine Depression ist. Es ist eine Krankheit, die gut behandelbar ist. Man kann sie heilen. Selten kommen die Krankheitszeichen wieder zurück. Es gibt zwar neurologische Erkrankungen, da können sie zusätzlich auftreten. Das gilt in deinem Fall nicht, da du ansonsten gesund bist. Also dein Körper ist gesund, aber deine Seele leidet." Der Arzt nimmt seine Brille ab, lehnt sich zurück und fragt Lena und ihre Mutter, ob sie etwas trinken möchten. Beide bejahen und er schenkt ihnen ein Glas Mineralwasser ein.

Das junge Mädchen schaut aufmerksamer und Hoffnung schimmert in ihren Augen.
„Oft beginnt eine Depression schleichend."
Der Arzt erklärt freundlich weiter. „Man ist traurig und kraftlos. Oft ohne Grund oder nach einem schlimmen (traumatischen) Erlebnis, was bei dir aber nicht in Frage kommt. Viele Menschen haben keine Lust etwas zu tun oder sich mit Freunden zu treffen. Auch Schulaufgaben fallen ihnen schwer oder zur Arbeit zu gehen. Halten solche Anzeichen mehrere Wochen oder Monate an, kommt zusätzlich noch hinzu, dass man nicht richtig schlafen kann, viel grübelt und keinen Appetit hat, sprechen wir Ärzte von einer Depression."

Der Arzt macht eine Pause und trinkt einen Schluck Wasser. „Ist das bei dir auch so, Lena?"Lena nickt mit dem Kopf. „Im Sommer hat bei mir diese Traurigkeit begonnen. Von Tag zu Tag wurde ich trauriger ohne irgendeinen Grund. Dann hatte ich keine Lust mehr zum Sport zu gehen. Meine Freundin fragte mich ständig, was mit mir los sei. Aber ich konnte es ihr nicht erklären." Lena senkt ihren Blick und knetet ihre Hände.

Fridolin und Missy hören gespannt vor dem Fenster zu. „Diese Geschichte macht mich ganz traurig, Fridolin. Dieses Mädchen tut mir so leid." Das Eichhörnchen lässt nun auch ihren Kopf hängen. Fridolin streicht sanft über Missys Kopf. „Missy, nicht traurig sein. Jetzt wird ja Lena geholfen.

Es ist teilweise schwer für den Betroffenen eine Depression zu erkennen und sich Hilfe zu holen.

Es ist oft, als sitzt man in einem dunklen Loch und kommt alleine nicht mehr heraus."

Fridolin kennt das von Florians Mama. Allerdings hat die Mutter auch einen Grund traurig und antriebslos zu sein. Zuerst bekam sie eine niederschmetternde Erkrankung und dann häuften sich ihre Symptome. Vieles in ihrem Leben musste neu organisiert werden. „Florians Mutter macht jetzt eine Psychotherapie und das tut ihr gut. Der Arzt hat Lena das auch eben vorgeschlagen." Denn der kleine Drache hört mit einem Ohr den Gesprächen im Arztzimmer weiter zu. Das kann er richtig gut.

„Was ist denn eine Psychotherapie?" Missy hat solch ein Wort noch nie gehört. Die Menschen sind doch etwas sonderbar. Sie schaut Fridolin fragend an.

„Diese Therapie behandelt Menschen, junge und alte, wenn sie immer traurig sind, zu nichts mehr Lust haben und ein Arzt eine Depression festgestellt hat. Unser Denken, unsere Gefühle und was wir so den ganzen Tag erledigen, ist davon betroffen. Wenn es einem schwerfällt mit einem Freund oder den Eltern darüber sprechen, dann geht man zu einem Therapeuten. Das sind Frauen oder Männer, die gelernt haben die Probleme anderer zu behandeln; meistens mit Gesprächen und regelmäßigen Treffen. Florians Mama hatte schon viele solcher Gespräche und so langsam verschwindet ihre Traurigkeit." Der kleine Drache schielt in das Arztzimmer. Er hat mitbekommen, dass Lena auch solch eine Therapie vom Arzt verschrieben bekommen hat. Zusätzlich noch Medikamente, die sie nicht mehr so traurig machen sollen. Missy knufft Fridolin in die Seite.

„Das ist aber echt schwer zu verstehen. Gut, dass es Menschen gibt, mit denen man über seine Probleme oder wenn man traurig ist, sprechen kann. Lena hat Tabletten verschrieben bekommen. Warum?"
In Missys Kopf schwirrt es wie in einem Bienenstock. Zum Glück, denkt das Eichhörnchen, kenne ich solche Gefühle nicht. Bin ich traurig, dann gehe ich zu den anderen Tieren im Wald und spreche mit ihnen oder wir unternehmen etwas zusammen.
Der Drache lehnt sich nun bequem an die Hauswand, weil es im Zimmer nichts mehr zu hören gibt. Alle sind fort.
„Die Tabletten helfen erstmal, dass man nicht mehr so traurig ist und man mehr Lust bekommt, etwas zu erledigen. Das dauert zwar zwei bis drei Wochen bis sie wirken, aber wenn man, wie Florians Mutter, noch Gespräche mit einem Therapeuten hat, dann wird die Depression mit der Zeit besser."
Fridolin schmatzt mal wieder und gähnt dann laut.
„Ich bin auch müde, Fridolin. Das war heute ein anstrengender Tag und ich habe wieder so viel gelernt." Nun gähnt auch das Eichhörnchen und schmiegt sich an den Drachen.

„Lass uns zu den anderen Tieren im Wald fliegen. Vielleicht können wir alle eine Runde im See schwimmen oder etwas planschen. Zumindest brauche ich jetzt Wasser und ein paar Nüsse. Die Ausflüge mit dir machen mich immer hungrig." Quietschend lacht das Eichhörnchen, schwingt sich auf den Rücken des kleinen Drachen und schon heben beide ab und fliegen in den sonnigen Nachmittag.

Florian kommt zu Besuch in den Wald und lernt von den Tieren etwas über KOGNITIVE BEEINTRTÄCHTIGUNGEN

Missy sitzt zusammen mit Luna auf ihrem Steg. Aus dem Wald schallt ein Kinderlachen und sie hören freudiges Bellen. Nanu, was ist denn da los? In einem Affenzahn kommt Happy, die Hündin, um die Ecke gedüst. Hinter ihr her rennt ein kleiner Junge in Begleitung von Fridolin dem Drachen. Ist das Florian? Vor der alten Eiche bleiben die Drei atemlos stehen. Fridolin lässt sich etwas zu schwungvoll auf seinen Hintern plumpsen. Vor lauter Schreck kommt ein kleiner Feuerstrahl aus seinem Maul.

„Hey Fridolin, pass doch auf! Du verbrennst mir noch mein neues T-Shirt!", ruft Florian und hüpft einen kleinen Schritt zurück. „Schaut mal, wen ich euch heute mitgebracht habe!" Happy bellt ganz aufgeregt, sodass auch das letzte Tier in der alten Eiche seinen Kopf aus den Türen herausstreckt. „Das ist Florian, der kleine Junge von dem Fridolin euch immer erzählt!" Missy ist die Erste, die sich zu den dreien auf den Boden gesellt. „Na das ist aber eine Überraschung! Hallo Florian, wie kommt es denn, dass du uns mit Happy und Fridolin besuchen kommst?", fragt Missy neugierig nach. „Der Besitzer von Happy ist lustigerweise unser Nachbar", erklärt Florian, „und er musste heute Nachmittag mit seiner Frau zur Ergotherapeutin. Irgendwelches Training für ihre schwachen und teils gefühlsarmen Hände machen die dort."

Fridolin nickt. „Genau, und ich dachte dann, warum sollen wir nicht die Zeit nutzen und zu euch in den Wald kommen."

„Ist deine Nachbarin denn krank?", fragt die Leopardin Luna den Jungen Florian. „Hm, das weiß ich gar nicht so genau. Ansehen tut man ihr nichts." Florian grübelt und schaut fragend zu Fridolin. Der kleine Drache nimmt wieder seine Erklärer-Pose ein, indem er sich aufrichtet und dabei seinen langen Schwanz als Rückenlehne benutzt.

„Bevor Happy in die Familie eingezogen ist, hatte deine Nachbarin einen Schlaganfall", beginnt Fridolin mit seiner Erklärung. „Dabei ist eine Ader im Kopf geplatzt und das Gehirn wurde kurzzeitig nicht mehr richtig mit Blut und somit mit Sauerstoff versorgt. Unser Gehirn, egal ob das von einem Menschen oder einem Tier, braucht aber immer Sauerstoff, damit es richtig funktionieren kann. Bei diesem Schlaganfall sind leider einige Teile vom Gehirn durch den Sauerstoffmangel abgestorben. Das sieht man von außen natürlich nicht. Happy, du hast bestimmt manchmal bemerkt, dass dein Frauchen vergesslicher ist als andere Menschen?", Fridolin wendet sich an Happy.

„Hm", grübelt Happy und kratzt sich dabei mit ihrer Pfote am Ohr, „ja, gelegentlich ist mein Frauchen echt vergesslich, oder ihr fallen bestimmte Wörter nicht ein. Neulich wollte sie mir mittags schon mein Futter geben, weil sie nicht mehr wusste, wieviel Uhr es ist."
Fridolin nickt. „Genau solche Sachen meine ich. Das nennt man kognitive Beeinträchtigungen und es sind auch unsichtbare Symptome. Von außen ist nicht sichtbar, dass das Gehirn von deiner Besitzerin leider nicht mehr richtig funktioniert.""Das ist ja so wie bei Siggi und Freddy", wirft Missy ein. „Siggi vergisst auch immer wieder Dinge und Freddy

fallen oft Wörter nicht ein." „Ja genau. Die beiden haben auch kognitive Störungen", erklärt Fridolin weiter. „Damit das Gehirn aber trotzdem fit bleibt, gehen deine Besitzer regelmäßig zur Ergotherapie. Dort macht dein Frauchen bestimmte Übungen, um ihr Gedächtnis zu trainieren. Das nennt man Hirnleistungstraining. Vielleicht sollten Siggi und Freddy das auch mal ausprobieren."

„Au ja, das wäre voll toll!", jubeln Freddy und Siggi. „Kannst du nicht mal mit zu der Ergotherapie gehen und uns ein paar Übungen mitbringen, Fridolin?"

Der kleine Drache überlegt. „Ich kann mich bestimmt mal unters Fenster setzen und lauschen, was Happys Frauchen trainiert. Danach berichte ich euch davon."

„Das wäre echt cool. Mir musst du diese Übungen aber auch zeigen. Dann kann ich die mit meiner Mama machen, falls ihr Gehirn auch mal nicht mehr so fit ist", sagt Florian und kuschelt sich in die Arme von seinem Drachenfreund.

„Ja, das werde ich natürlich machen", sagt Fridolin und streichelt sanft mit seiner Tatze über Florians Kopf. Die anderen Waldtiere verabschieden sich.

Nur Missy bleibt noch angelehnt an Florian am Steg sitzen und alle Drei blicken verträumt auf den glitzernden See im Abendlicht.

Merke dir

Kognitive Beeinträchtigungen kann man von außen nicht sehen. Oft zeigen sich solche Beeinträchtigungen in Form von Vergesslichkeit, Wortfindungsstörungen, Orientierungslosigkeit und Aufmerksamkeitsdefiziten.
Eine Vielzahl von Krankheiten kann der Auslöser für kognitive Beeinträchtigungen sein z.B.

- Schlaganfall

- Demenz

- Parkinson

- Multiple Sklerose

- Long Covid / Post Vac Syndrom

- ME/CFS

- Schädelhirntraumata

„Du, Fridolin", fragt Missy, „haben wir nun eigentlich alle unsichtbaren Krankheiten kennen gelernt?"

„Oh nein, bei Weitem nicht", Fridolin schüttelt den Kopf, „es gibt noch so viel mehr Krankheiten, die man den Betroffenen nicht ansieht. Genau deshalb ist es immer wichtig, dass wir sehr empathisch mit unseren Mitmenschen umgehen und sie nicht immer gleich vorverurteilen. Denn nur, weil wir was nicht sehen, oder es uns nicht vorstellen können, bedeutet es nicht, dass es diese Krankheit oder Behinderung nicht gibt." „Hm", Luna überlegt, „‚meinst du beispielsweise, wenn jemand nicht richtig sprechen kann oder sich ausdrücken, sollte man ihn nicht gleich als „dumm" abstempeln, oder so etwas in der Art, Fridolin?"

„Ja genau", der kleine Drache nickt, „viel besser wäre doch, denjenigen zu fragen, ob man ihm irgendwie helfen kann. Es gibt zum Beispiel auch tolle Angebote für Menschen mit unsichtbaren Behinderungen oder Krankheiten.

Zum Beispiel an vielen Flughäfen gibt es grüne Umhängebänder mit gelben Sonnenblumen darauf. Wenn Menschen diese umgehängt haben, wissen die Mitarbeiter am Flughafen, dass diese Menschen vielleicht Hilfe brauchen, wie bei der Gepäckaufgabe oder beim Einsteigen ins Flugzeug. Sie müssen sich dann nicht immer erst groß erklären."

„Oh, das ist eine ganz tolle Idee", rufen die Tiere und Florian.

Fridolin nickt „Einige Supermärkte haben zum Beispiel auch eine ‚Stille Stunde' eingerichtet. In der Zeit läuft keine Musik, die Kassen piepsen nicht und das Licht ist nicht ganz so grell. Das hilft vielen Menschen, die zum Beispiel sehr geräusch- oder lichtempfindlich sind. Ihr seht also, wenn man will, dann kann man mit einfachen Dingen sehr viel für Menschen mit Behinderungen machen."

Die Waldtiere, der Drache und das Eichhörnchen sammeln noch ein paar Punkte, wie man im Alltag Menschen mit einer Behinderung helfen kann. Sie machen eine Liste. Jeder gibt einen Tipp ab und Fridolin schreibt alles auf:

- Viel Geduld aufbringen – nicht immer leicht, aber so wichtig.
- In kurzen und einfachen Sätzen sprechen.
- Hilfsbereit sein und jemanden etwas zeigen und gemeinsam mit dem Betroffenen üben.
- Oft versteht jemand nicht auf Anhieb gewisse Dinge. Einfach wiederholen, wenn nötig mehrmals.
- Anweisungen und Fragen immer nur eine, und diese klar und einfach.
- Zusammen Dinge erledigen oder bearbeiten und zwar einen Punkt nach dem anderen abarbeiten oder sich die Arbeiten teilen.
- Klare Strukturen.

„Fridolin, jetzt haben wir unseren Lesern und Leserinnen doch einiges berichtet und ihnen viele Tipps gegeben. Somit verstehen sie in Zukunft Menschen mit einer unsichtbaren Krankheit oder Behinderung viel besser." Florian bekommt auch von den anderen Tieren ein bejahendes Nicken und alle sind sich einig:

Mehr Empathie und ein Miteinander fördern das Verstehen und die Inklusion unter den Menschen und in der Gesellschaft!

Wörterbuch/Fremdwörter kurz erklärt

Alzheimer: Diese Erkrankung ist eine Art von Demenz. Symptome sind Gedächtnisprobleme, beeinflusst das Denken und Verhalten des Betroffenen. Entwicklung der Krankheit meistens langsam und über mehrere Jahre.

Ataxie: Störung des Bewegungsablaufs

Aphasie: Störung der Sprache
(Sprachverständnis und -produktion)

Autoimmunerkrankung: Erkrankung, bei der sich das Immunsystem gegen körpereigene Zellen oder Gewebe richtet.

Colitis ulcerosa: eine chronische Entzündung im Dickdarm. Sie verläuft in Schüben und kann Durchfälle, Bauchschmerzen, ständigen Stuhldrang und Krämpfe verursachen.

Covid-19: Die Krankheit, die das Coronavirus auslöst, heißt Covid-19. Covid ist Englisch und heißt übersetzt: Corona Virus Disease. Auf Deutsch bedeutet es eine Corona-Virus-Krankheit. Die 19 steht für das Jahr 2019, also das Jahr, in dem die Krankheit zum ersten Mal bei Menschen bemerkt wurde.

Coronaviren: Sie sehen wie ein Kranz aus. Corona ist lateinisch und bedeutet „Kranz" oder „Krone". Das Coronavirus heißt mit genauem Namen SARS-CoV-2. Hat man sich mit diesen Coronaviren angesteckt, kann man Husten, Fieber, Schnupfen oder Geruchs- und Geschmacksverlust bekommen. Aber auch Probleme mit der Atmung oder eine Lungenentzündung. Die Krankheit Covid-19 kann auch ohne Krankheitszeichen ablaufen.

Long Covid: Bestehen Beschwerden länger als vier Wochen nach einer Ansteckung mit dem Coronavirus, nennt man diese Long Covid. Es darf außerdem keine andere Erklärung für die Beschwerden geben.

Depressionen: Bei einigen Krankheiten kann es zu einer Depression kommen. Es ist eine Krankheit, die gut behandelbar ist. Man kann sie heilen. Selten kommen die Krankheitszeichen wieder zurück. Es gibt zwar neurologische Erkrankungen, da können sie zusätzlich auftreten. Behandelt werden Depressionen zum Beispiel mit Medikamenten und einer Psychotherapie.

Empathisch: bedeutet, dass eine Person die Empfindungen, Emotionen, Gedanken, Motive und Persönlichkeitseigenschaften einer anderen Person leicht erkennen, verstehen und nachempfinden kann.

Endometriose: Bei Endometriose wächst Gewebe, wo es nicht hingehört. Zum Beispiel außerhalb der Gebärmutter. Das Gewebe kann sich entzünden. Das tut sehr weh. Manchmal bluten diese Entzündungen auch. Endometriose kann sich an vielen Orten bilden.

Ergotherapie: Es werden bestimmte Übungen gemacht, um das Gedächtnis zu trainieren. Das nennt man Hirnleistungstraining. Oder man lernt wieder bestimmte Dinge im Alltag zu erlernen, wie essen, trinken, laufen.

Fatigue: vorzeitige unnatürliche Ermüdbarkeit bis hin zur totalen Erschöpfung auf der körperlichen und/oder geistigen Ebene

Inklusion: Menschen mit einer Behinderung oder Krankheit müssen ihr Leben nicht mehr an vorhandene Strukturen anpassen. Sondern die Gesellschaft ist aufgerufen, Strukturen zu schaffen, die es jedem Menschen – auch den Menschen mit Behinderung – ermöglichen, von Anfang an ein wertvoller Teil der Gesellschaft zu sein.

Kognition: Das Wort bedeutet Wissen und Erkennen. Beim Menschen werden die Funktionen Wahrnehmung, Lernen, Erinnern, Denken und Wissen darunter zusammengefasst.

Koordinationsstörungen: Störungen, gezielte Bewegungen auszuführen.

Neurologische Erkrankungen: sind Störungen bzw.Erkrankungen des Gehirns, des Rückenmarks und der Nerven. Viele sensorische Empfindungen, Muskeln, Hautsensibilität und die Empfindungen der Sinnesorgane (Sehen, Schmecken, Riechen und Hören) hängen von der Normalfunktion der Nerven ab.

Migräne (Kopfschmerzen): Eine Migräne sind keine gewöhnlichen Kopfschmerzen. Bei einem Migräneanfall setzen plötzlich heftige Schmerzen ein, oft nur auf einer Kopfseite und von weiteren Beschwerden (Übelkeit, Schwindel, Geräuschempfindlichkeit...) begleitet.

Morbus Crohn: chronisch-entzündliche Darmerkrankung

Motorik/motorisch: die Bewegung betreffend

MRT: Magnetresonanztomografie ist ein bildgebendes Verfahren, bei dem Körperbereiche, wie der Kopf, einem Magnetfeld ausgesetzt werden und dadurch detailgetreu und in Schnittbildern dargestellt werden

Multiple Sklerose: eine chronisch entzündliche Erkrankung des Gehirns und Rückenmarks – eine neurologische Erkrankung

Paraesthesien: kribbelnde Missempfindungen in Armen und/oder Beinen, „Ameisenlaufen"

Parese: unvollständige Lähmung

Parkinson: Die Parkinson-Krankheit ist eine Krankheit des Gehirns. Ihre typischen Anzeichen sind motorische Symptome, also z.B. eine Verlangsamung und Verarmung der Bewegungen, oft zusammen mit Muskelversteifung und Zittern.

Pathologisch: krankhaft

Schlaganfall: Ein Schlaganfall ist eine Krankheit im Gehirn. Er können eine Lähmung verursachen. Oft kann man dann nicht mehr gehen, schlucken, sprechen oder einen Arm heben. Schlaganfälle halten unterschiedlich lange an. Manche vergehen schnell wieder von selbst. Es kann aber auch passieren, dass man stirbt oder für den Rest des Lebens behindert ist.

Schmerzen: Der Schmerz ist ein Gefühl im Körper. Es kann unangenehm oder sogar unerträglich sein. Es gibt unterschiedliche Arten von Schmerzen. Sie können durch Verletzungen oder Krankheiten entstehen.

Schub: Summe aus einem oder mehreren Entzündungsherden mit entsprechenden Ausfallserscheinungen

Spastik: erhöhter Muskeltonus (Muskelsteifigkeit)

Stoma: ein künstlicher Darmausgang. Er wird von einem Arzt mit einer Operation angelegt und somit kann dadurch Stuhl (Kacka) über einen Beutel abgeleitet und aufgefangen werden.

Symptom: Krankheitszeichen

Therapeut: Eine Frau oder ein Mann mit medizinischem Beruf, der bei einem Patienten eine Behandlung, eine sogen. Therapie durchführt, wie Gespräche. Dadurch kann er den Patienten unterstützen.

ZNS: ist das Zentralnervensystem; gebildet aus dem Gehirn und dem Rückenmark, das als Kommandozentrale für unseren Körper dient.

ACHTUNG!

Huch! Was ist denn im Buch mit den bunten Bilder passiert? Die sind am Ende ja gar nicht mehr bunt!

So in etwa kann es aussehen, wenn du durch die MS eine Sehstörung entwickelst. Du darfst die Seiten gerne bunt Ausmalen!

Kognitionsübungen für Zwischendurch

- Eine Übung, die überall gemacht werden kann, egal ob alleine oder mit mehreren Personen. Verbindet zwei Hauptwörter (Substantiv, Nomen) miteinander und das neue Wort muss dann mit dem letzten Wort des vorherigen Begriffes beginnen. Beispiele: SchlüsselRing -> RingBuch -> BuchRegal …

- Eine weitere Übung wäre, dass man sich einen Buchstaben vornimmt und in einer Minute möglichst viele Hauptwörter (Substantive, Nomen) mit dem jeweiligen Buchstaben aufschreibt.
Beispiele: A -> Apfel, Ananas, Antenne, Achillesferse, Antibiotika …
Diese Übung kann alleine oder auch mit mehreren Personen gemacht werden.

- Ein Spiel, das sicher viele kennen und wir als Kinder geliebt haben: „Ich packe meinen Koffer".
Dieses Spiel eignet sich sehr, die eigene Kognition zu trainieren. Umso mehr mitspielen, umso schwieriger wird es. Viel Spaß und sammelt Ideen um euren Koffer für den nächsten Urlaub zu packen.

Vorstellung des Frauen-MS-Trio

Wie kam es eigentlich, dass wir drei zusammen ein Buch schreiben? Bei der ‚trotzMS-Roadshow' in Ludwigsburg haben wir uns zum ersten Mal live getroffen.

Und wie es dann so ist, wenn drei temperamentvolle, humorvolle MS´ler aufeinander treffen, kommen manchmal ganz verrückte Ideen heraus.

„Was haltet ihr davon, wenn wir zusammen ein Kinderbuch schreiben?", war die direkte Frage von Caro an Anky.

„Öhm ja, dann aber nicht über MS, sondern über unsichtbare Krankheiten und Behinderungen", war die prompte Antwort von Anky. Und schon war die Idee geboren.

Dass es lustig wird, wenn Anky und Conny zusammen was gestalten, das wussten wir ja schon. Aber wie großartig und fröhlich es wird, wenn wir plötzlich zu dritt was planen, das hat, glaube ich, keiner von uns erwartet.

Es war uns eine Freude, dieses Buch zusammen schreiben und gestalten zu dürfen. Wir finden, dass Fridolin und Florian super zu Missy und ihren Freunden passen.

Die Rollenverteilung war dabei von Anfang an ganz klar: Caro und Anky überlegen sich die Geschichten und schreiben das Buch. Conny darf den Charakteren wieder Form und Farbe verleihen, den Buchsatz und die Gestaltung übernehmen.

Wir hoffen, ihr hattet viel Spaß beim Lesen und wisst nun mehr über unsichtbare Krankheiten und Behinderungen.

Caro, Anky und Conny

FSC
www.fsc.org
MIX
Papier aus ver-
antwortungsvollen
Quellen
Paper from
responsible sources
FSC® C105338